DE CE QUE COUTENT

LES COLONIES

A LA FRANCE.

LES COLONIES

A LA FRANCE.

PAR

Alexandre Foignet.

FÉVRIER 1832.

PARIS.

IMPRIMERIE DE AUGUSTE AUFFRAY,

PASSAGE DU CAIRE, N°. 54.

DE CE QUE COUTENT

LES COLONIES

A LA FRANCE.

✻

Soutenir que les colons sont des Français, qu'ils doivent être traités et protégés comme tels, que les colonies sont des dépendances du territoire national, qui ne peuvent cesser d'en faire partie ; prétendre que sans colonies, il n'y a point de marine militaire ; sans marine militaire, point de commerce protégé possible : démontrer que la force de la marine est nécessaire à la défense de la France, prise dans son ensemble ; par conséquent nécessaire à sa sureté, à son indépendance... C'est tenir un langage que l'on ne comprend plus.

Il faut le dire, il y a prévention contre les colonies ; bien plus, en France, il y a désafection. L'une est aussi injuste que l'autre : que faire cependant, quand, aux questions importantes que nous venons d'indiquer, des hommes d'État, des orateurs influens ne répondent que par cette unique objection. « *Combien coûtent, combien rapportent les colonies ?...*

Ce qu'il faut faire?.... *Parler chiffres.* Si les chiffres n'ont pas d'entrailles, du moins ils raisonnent sûrement.

Voyons donc si les chiffres condamnent les colonies.

Les colonies paient :

1° Toutes les dépenses de leur administration intérieure.

2° Toutes celles de l'administration de la marine, bien que cette dépense ne soit nécessitée que par les bâtimens de l'État.

3° Toutes les dépenses de l'administration de la justice [1].

Le fardeau n'étant pas assez fort, on y a ajouté l'entretien des ports, des places, et des fortifications.

La France ne paie, en tout et pour tout, que la solde des troupes. C'est à cela que se réduit sa dépense de protection, pour laquelle, au surplus, on vote annuellement une allocation de six millions, plus la dotation d'un million de l'Inde, pour Cayenne.

Nous ne ferons pas l'injure à nos lecteurs, de répondre au reproche qui consiste à dire, que la dépense des bâtimens de guerre, qui vont aux Antilles, à

---

[1] La majeure partie des emplois judiciaires, civils, administratifs et militaires, sont remplis par des Français enropéens.

Nos compatriotes vont encore aux colonies exercer le commerce et toutes les autres industries lucratives. Leur fortune faite ils font place à d'autres et reviennent en Europe. La France en profite, car dans ces rapports *continuels, en définitive, tout retourne à elle.*

Cayenne, à Bourbon, et qui croisent dans leurs parages, est une charge coloniale. La protection due au commerce, la nécessiterait toujours, même sans colonies, avec cette différence, que, sans colonies, cette dépense serait encore plus considérable.

Quant à la prime accordée aux sucres raffinés, c'est une erreur de la considérer (ainsi qu'on essaie de le faire croire) comme une dépense nécessitée par les colonies.

D'abord, la prime est moins dans l'intérêt des colons, que dans celui des raffineurs : c'est une protection dont profite plus spécialement l'industrie métropolitaine.

Ensuite, la prime doit être diminuée des droits que le fisc prélève sur l'entrée de ces sucres, et qu'il ne toucherait pas sans l'exportation ; car, il n'entrerait en France, rien au-delà des besoins de la consommation intérieure.

Et d'ailleurs, si cette dépense dépasse le but que le gouvernement s'était proposé, parce qu'elle a été calculée sur un prix d'achat de la matière première, *presque double de celui actuel*, sans que cette diminution de dépense en ait amené une dans la prime : si même cette protection dégénère en abus, par une contrebande, que l'on suppose exister sur les frontières, et par laquelle les mêmes sucres sortis et rentrés sortiraient de nouveau, avec une seconde, une troisième primes ; on peut remédier au premier inconvénient, par une *prime proportionnelle*, et au second par des mesures de surveillance et de contrôle.

Reste toujours, que cette dépense, que les inconvéniens et les abus qu'elle entraîne, ne sauraient être reprochés aux colons, ni entrer en ligne de compte.

Un reproche plus sérieux, c'est la surtaxe des sucres étrangers, comme protection accordée aux produits coloniaux français. 3o *millions imposés aux consommateurs pour quatre misérables colonies!*.... C'est, dans un temps d'économies et de réformes, un privilége intolérable!....

Examinons froidement ces allégations; voyons si le chiffre est exact, et si le prétendu sacrifice est sans compensations.

Il a été constaté par la commission d'enquête, et confirmé par d'autres documens officiels, que la différence de prix, entre les sucres français et les sucres étrangers, est sur les lieux de production, de 8 f. par 5o kilog.; et, en entrepôt en France, de 9 f. 5o c. par 5o kilog.

Ainsi, la France en s'approvisionnant dans ses colonies, non-seulement pour sa consommation intérieure, mais encore pour alimenter les raffineries, pour l'exportation à l'étranger, ne fait qu'un sacrifice apparent de 13,3oo,ooo f., au lieu de 3o millions. L'erreur vient de ce que ceux qui font le reproche, supposent à tort, que le prix des sucres coloniaux, est augmenté de toute la différence du droit qui existe entre ceux-ci et les sucres étrangers.

13,3oo,ooo f. et 7,ooo,ooo de frais de protection, en admettant que cette dépense, pourrait être épargnée sans colonies.   Total. 2o,3oo,ooo fr.

Que la France supporte en échange du *commerce exclusif* qu'elle se réserve dans ses colonies.

Voici maintenant ce qu'elle retire, ce qu'elle obtient de ses colonies, et les charges qu'elle leur impose.

Les calculs qui suivent sont extraits des *états des douanes en 1828*, *des livres de commerce et d'autres documens officiels*.

Nous observons que si quelques articles, tel que la *farine*, présentent sur plusieurs années, une différence en moins; d'autres, tel que le *sucre*, sont plus élevés : de sorte que le total peut être considéré comme *terme moyen!*

EXPOR-TATIONS.		BÉNÉFICES DU COMMERCE FRANÇAIS.	CHARGES IMPOSÉES AUX COLONIES.
15,000,000	Quinze millions de tissus. Bénéfice du commerce national, à 20 p. 0⁄0	3,000,000	
	Les mêmes marchandises, fournies par l'étranger, le serait à 10 p. 0⁄0. Meilleur marché, avec un crédit de 18 mois à 2 ans, ce qui équivaut à 18, ou 2 4 p. 0⁄0.		
	Différence imposée aux colonies par le système prohibitif		3,500,000
2,000,000	D'exportations en fer ouvré		
	Bénéfices à 15 p. 0⁄0	300,000	
	Les étrangers les fournissent à 30 p. 0⁄0 meilleur marché.		
	Différence imposée		600,000
5,000,000	Les farines. Bénéfice à 10 p. 0⁄0 . .	500,000	
	Si les colons pouvaient les recevoir de l'Amérique, ils ne les paieraient que 3 millions.		
	Différence imposée		2,000,000
22,000,000	*A reporter* . .	3,800,000	6,100,000

EXPOR-TATIONS.		BÉNÉFICES DU COMMERCE FRANÇAIS.	CHARGES IMPOSÉES AUX COLONIES.
22,000,000	*Ci-contre.* . .	3,800,000	6,100,000
5,000,000	Pour quarante mille barriques de vin, et un millon deux cents mille litres, en bouteilles.		
1,500,000	D'eau-de-vie, genièvre et bière.		
1,500,000	En huile et savon.		
	Bénéfices du commerce sur ces trois articles à 15 p. 0/0. ci.	1,200,000	
3,000,000	En mulets. Bénéfice à 15 p. . 0/0. . .	450,000	
	Les étrangers pourraient entrer en concurrence pour la moitié des besoins des colonies, à un prix de 12 p. 0/0 au-dessous.		
	Différence imposée, 5 p. 0/0. sur la moitié.		75,000
2,200,000	En effets confectionnés, peaux ouvrées et préparées.		
	Bénéfices de commerce à 20 p. 0/0 . .	440,000	
	Les étrangers les fournissent à 30 p. 0/0 de moins.		
	Différence imposée		660,000
2,600,000	En meubles, mercerie, sellerie, chapeaux, papier, quincaillerie et cuivre ouvré.		
	Bénéfice du commerce à 20 p. 0/0. . .	520,000	
	Les étrangers les fournissent aussi à 30 p. 0/0. de moins.		
	Différence.		780,000
1,200,000	De verrerie, faïence, porcelaine et poterie.		
	Bénéfice du commerce à 20 p. 0/0. . .	240,000	
	Les étrangers les donnent à 25 p. 0/0 de moins.		
	Différence.		300,000
1,200,000	En articles de médicament, cordages et autres objets de marine et modes . .		
	Bénéfices du commerce à 20 p. 0/0. .	240,000	
	Excepté les modes, les étrangers livrent les mêmes articles à 20 p. 0/0 meilleur marché.		
	Différence imposée		400,000
4,000,000	En beurre, fromage, graisses et chandelles.		
	Bénéfices du commerce à 20 p. 0/0. . .	800,000	
	Le fromage est fourni par l'étranger à 25 p. 0/0 de moins.		
	Différence.		25,000
5,800,000	En morue, viande sallée, feuillards,		
50,000,000	*A reporter* . .	7,690,000	8,340,000

EXPOR-TATIONS.		BÉNÉFICES DU COMMERCE FRANÇAIS.	CHARGES IMPOSÉES AUX COLONIES.
5o,000,000	*Ci-contre* . .	7,690,000	8,34o,000
	briques et tuiles, maïs en grains, légumes secs, ferblanterie et autres articles.		
	Bénéfice du commerce, à 10 p. o⁄o. .	580,000	
	Il est à observer, que la France, ne fournit la morue, à meilleur marché que l'étranger, qu'au moyen de la prime d'encouragement accordée à son commerce et à sa marine.		
	La prime retirée, les étrangers la livreraient à plus bas prix.		
	La différence serait alors pour les colonies, de 5oo,ooo fr. que nous ne portons quant à présent que pour mémoire, et hors ligne 5oo,ooo fr.		
	Le bœuf salé, est fourni par l'étranger à 25 p. o⁄o de moins, et le porc à 4o p. o⁄o. Légumes secs et maïs, légère augmentation.		
	Différence imposée.		8o,000
	Bénéfice du fret, pour le transport des marchandises, importées à la Martinique, à la Guade'oupe, Cayenne et Bourbon en employant les 4⁄5 du tonnage des bâtimens qui fréquentent les co.onies, jaugeant cent mille tonneaux.		
	Ce bénéfice ne s'élève pas à moins de	3,96o,000	
	Le fret, par navires étrangers, est d'un quart au-dessous du notre.		
	Différence imposée		990,000
	Les bénéfices d'assurances sur une valeur de 5o millions d'exportations et sur tous les produits coloniaux, expédiés en retour, ne sauraient être au-dessous de.	75o,000	
	Commission d'expédition de France et faux frais, montant ensemble à 2 1⁄2 p. o⁄o.	1,250,000	
	Nous ne parlons pas de la commission sur les retours, parce que l'on pourrait soutenir de même que pour les 36 à 4o millions de droits, l'admission des sucres étrangers présenterait les mêmes avantages, c'est-à-dire, la même commission au commerce.		
	Le fret en retour ; savoir :		
5o,ooo,ooo	*A reporter.*	14,23o,000	9,41o,000

EXPOR-TATIONS.		BÉNÉFICES DU COMMERCE FRANÇAIS.	CHARGES IMPOSÉES AUX COLONIES.
5o,ooo,ooo	*Ci-contre* . .	14,23o,ooo	9,41o,ooo
	Pour la Martinique, la Guadeloupe et Cayenne, 69,000,000 kilog. de sucre à 9 centimes, quoique souvent, il soit à 12 cent. 6,21o,ooo		
	Sur 2,000,000 café à 10 cent. 2oo,ooo		
	Sur cotons et autres articles. 1oo,ooo		
	ci-contre. 6,5io,ooo		
	Avaries et chapeau sur 2/3 qui vont dans la Manche et la Méditerranée à 10 p. 0/0. 434,000		
	à 5 p. 0/0. . . . . 1o8,ooo		
	Total. 7,o5z,ooo	7,o5z,ooo	
	Bourbon, en ne supposant que 20,000,000 kilogrammes, sucre à 126 fr. le tonneau , avaries et chapeau compris. 2,5zo,ooo		
	Sur 1,35o,ooo café, etc. . . 199,375		
	Total 2,71,9375	2,719,375	
	Bénéfice des armateurs à 20 p. 0/0. sur 9,771,375.	1,954,275	
	Si le fret en retour était fait par bâtimens , étrangers ; il s'opérerait , comme nous l'avons déjà remarqué , à un quart au moins au-dessous.		
	La différence imposée est donc sur les 9,771,375 de.		2,442,843
5o,ooo,ooo	Totaux	25,953,65o	11,852,843

Cet aperçu présente déjà, en faveur de la France, un débouché d'exportations annuelles de. 5o,ooo,ooo f.

Ce chiffre est modéré, puisque d'autres calculs l'élèvent de 54 à 6o millions.

Un bénéfice pour le commerce national, tant sur les 5o millions d'exportations que sur tous les produits coloniaux, en retour de. 25,955,65o

TOTAL. . . . . 75,955,65o f.

Et une charge ou perte annuelle, imposée aux colonies, de 12,842,843 fr.

Nous reviendrons sur ce troisième objet.

Nous avons, dans un écrit précédent[1], prouvé que, déduction faite des sucres réexportés, comme perte occasionnée pour la consommation française, la balance du commerce avec les colonies présentait encore un solde annuel, en faveur de la France, de 16,522,469 f. ci. 16,522,469

Nous ne voulons pas ajouter les 36 à 40 millions de droits que le fisc prélève annuellement sur les denrées coloniales, parce que l'on pourrait objecter que les mêmes droits seraient perçus sur la denrée étrangère, si elle était admise.

Mais, ce dont il est juste de tenir compte, ce sont les dépenses des colons qui vivent en France, l'éducation de leurs enfans, le paiement des créanciers soit pour dots, portions héréditaires ou soldes de ventes d'habitations qui se paient en France, avec des produits coloniaux; ces dépenses ne figurent pas dans les états de douanes *à l'exportation*, puisqu'elles se font en France, et elles augmentent beaucoup la balance en faveur de son commerce.

Des calculs sur une base moyenne et modérée prouvent qu'un tiers des revenus coloniaux, c'est-à-dire plus de 22,400,000 f. profite ainsi annuellement à la France.

[1] Brochure intitulée : Quelques observations sur les colonies.

Cette somme, à elle seule, dépasse déjà les prétendus sacrifices de protection.

Si la France rompait ses rapports de commerce, de protection et de famille avec ses colonies, il faudrait bien que celles-ci en cherchassent d'autres. Dans ce cas, il est permis de croire qu'une grande partie de ces remises et de ces dépenses, se feraient aux États-Unis ou ailleurs.

Les partisans de la franchise du commerce, soutiennent qu'on en exagère les inconvéniens; que l'admission des sucres étrangers n'empêchera pas la France de déboucher ses marchandises soit dans les colonies françaises, soit dans celles étrangères; et que le fret en retour sera toujours le même.

Les faits et l'expérience attestent malheureusement tout le contraire, et notre amour-propre national dût-il en souffrir, on est obligé de reconnaître que la majeure partie de nos marchandises consommées aux colonies ne peuvent supporter la concurrence avec celles de nos voisins. Force serait donc de les vendre à perte ou d'échanger notre argent pour du sucre, et l'on sait que le commerce par échanges est le seul profitable.

L'expérience a déjà consacré ce que nous avançons.

Sur la fin de 1820, et au commencement de 1821, alors que les relations de commerce entre la France et ses colonies n'étaient pas fixées par une taxe de protection pour les sucres, en échange du privilége exclusif, ou peut-être parce que, à cette époque, les colonies étaient supposées ne pas produire assez de sucres pour la consommation de la France (ce qui ne pourrait être allégué, aujourd'hui qu'il est démontré que les colonies produisent au-delà des besoins de la Métropole et pour son intérieur et pour l'exportation); le commerce alla chercher du sucre à l'étranger.

Il résulte des relevés des douanes, à cette époque, que les achats de cette denrée s'élevèrent à soixante-quatre millions, ci. 64,000,000

Que les marchandises y exportées ne furent seulement que de vingt-deux millions. 22,000,000
____

42,000,000

De sorte que la France fut obligée d'ajouter en numéraire quarante-deux millions. 42,000,000

Quant au fret, les Anglais et les Américains le donnent à plus bas prix, dans une proportion d'au moins un quart au-dessous du nôtre; ce serait donc à eux que l'on s'adresserait : c'est ce qui est déjà arrivé. On a vu le gouvernement obligé, pour une expédition, de s'adresser aux étrangers, de préférence aux nationaux, pour les bâtimens de transport dont il avait besoin.

N'oublions pas que les bâtimens français ne paient, dans nos colonies, aucun droit de tonnage et d'entrée, tandis que s'ils allaient chercher du sucre à l'étranger, à l'île de Cuba, par exemple, ils seraient imposés à un droit de tonnage et de port de 15 francs; ce qui, pour cent mille tonnaux, terme moyen, occasionnerait une dépense de 1,500,000 f.

Remarquons encore que les commissions que paie

le commerce de France au commerce local, pour la vente des 5o millions de marchandises, et montant à 2,5oo,ooo f. ne diminuent en rien la fortune des nationaux, puisqu'elles profitent à des Français. En supposant le même débouché possible à l'étranger, cette commission, plus considérable, puisque (à l'île de Cuba) on exige en outre un ducroire de 5 pour %, serait une perte réelle, parce que des étrangers en profiteraient.

La vérité est, nous ne saurions trop le répéter, que la franchise du commerce ne sera profitable à la France, que lorsqu'elle pourra *produire et transporter* à meilleur marché.

On prétendra peut-être en excepter quelques articles; le vin, par exemple, en soutenant que d'anciennes habitudes en assureront toujours la consommation aux colonies.

Nous répondrons que, même pour cet objet, rien n'est moins certain. Il est difficile de prévoir toutes les conséquences d'un changement de système commercial : son influence sur les hommes et leurs habitudes est incalculable.

Pendant la dernière guerre maritime, la Guadeloupe bloquée par les Anglais, ne recevait plus de vins de la France; il y était si cher et si rare, que très-peu de personnes pouvaient s'en procurer. J'ai vu les habitans de cette colonie y suppléer par l'usage des vins de Ténérif, de la bière anglaise et américaine, du tadi, mélange de tafia et d'eau. Ce que la nécessité opéra alors, pourrait bien, par calcul, s'établir à la suite de rapports de commerce, *plus nombreux*, *plus avantageux*, avec l'Angleterre et les États-Unis. Dans le cas supposé de l'abandon du commerce exclusif des colonies par la France, on ne peut calculer pendant combien de temps le souvenir *national* l'emporterait sur *l'intérêt*.

Il en serait de même à l'égard de beaucoup d'autres articles d'habitude et de mode.

D'après ce qui précède, nous le demanderons avec confiance : Les colonies sont-elles une charge pour la France ?

Lorsque nous avons établi que, par le système prohibitif, la France imposait à ses colonies une charge de 12,842,843 fr., ce n'était pas à titre de plainte ou de reproche. Nous savons que les colonies en sont indemnisées, en partie, par le privilége accordé à leurs denrées. Nous n'avons pas eu l'intention de donner à entendre que la franchise du commerce était désirable et désirée : notre conviction intime est que l'expérience que voudrait en faire la France ne durerait pas deux années sans que le commerce et toutes les industries ne réclamassent, à grands cris, le système prohibitif.

Nous avons seulement voulu constater *un fait* : et, pour éviter toute fausse interprétation de notre pensée, nous ajoutons que pour les colons il n'y a rien au-dessus *du désir et du besoin de rester Français.*

La seule conséquence que nous tirons de ce fait, c'est que la protection accordée aux sucres des colonies, ne peut plus être diminuée, c'est-à-dire les droits augmentés, sans que la France, par compensation, ne diminue dans la même proportion, les charges de son système prohibitif.

En d'autres termes, l'augmentation de 10 francs sur les droits des sucres français est impossible et injuste.

Nous ne voulons pas reproduire toutes les considérations qui militent en faveur d'une diminution de droits, ou tout au moins du *statu quo*, après la crise commerciale que les colonies ont ressentie par contre-coup de celle que le commerce de France a lui-même éprouvée, surtout dans un moment où l'on va faire subir aux possessions d'outre-mer l'épreuve d'une nouvelle organisation politique..... Bornons-nous aux chiffres.

Il a encore été constaté et démontré que le producteur de sucre français ne pouvait livrer sa denrée au-dessous de 30 ou 28 fr. les 50 kilog. Depuis, on a prétendu que dans les temps ordinaires (c'est-à-dire lorsqu'on est exempt de coups de vent et d'épisooties) il pouvait l'être à 25 fr. les 50 kilog.

Pour éviter toute controverse, nous adoptons cette dernière base.

Inutile d'expliquer pourquoi les étrangers peuvent livrer leurs sucres sur les lieux de production à meilleur marché que les Français : on sait que les objets de première nécessité leur sont fournis, *sous tous pavillons*, à plus bas prix ; que chez quelques autres, le sol est plus neuf et plus productif ; que les frais d'exploitation sont moins considérables ; que surtout les charges d'un gouvernement intérieur, très-simple, sont soumises à leur examen, et par conséquent restreintes à ce qu'elles doivent être : avantage dont ne jouissent pas encore les colonies françaises.

Inutile de rechercher pourquoi le prix du sucre est plus élevé en France, où le raffiné coûte 22 sous la livre, qu'en Allemagne, par exemple, où il se livre en détail, au consommateur, à 12 sous. On sait que cela provient de ce que les droits d'entrée sont beaucoup plus considérables en France et que la main-d'œuvre y est aussi plus chère.

Il n'y a, dans tout cela, aucun reproche raisonnable à adresser aux colonies. Resterait à examiner si, au lieu d'une augmentation de droits, qui est une prime d'encouragement pour la contrebande, déjà si considérable que plusieurs villes de commerce viennent de la signaler au gouvernement; il ne conviendrait pas, au contraire, d'opérer une diminution de droits qui amènerait, comme beaucoup de personnes instruites le soutiennent, non-seulement toute cessation de contrebande, mais encore une augmentation considérable de consommation sans perte pour le fisc.

Reprenons notre calcul :

25 fr. par 50 kilo, ou 50 fr. par 100 k. pour le producteur, *c'est la condition d'existence;* c'est le simple intérêt de son capital.

Or, 100 kilog. de sucre, coûtent aux Antilles. . . .

44 f. » c.

Les frais divers, transports et vente, sont de. 34   »

Les droits d'entrée, décime compris, de   49   50

TOTAL. 127   50

100 kilog. de sucre, Havane, coûtent.   28 f. » c.

Les frais divers, transport et vente. . .   32   »

Les droits d'entrée, de.   104   50

TOTAL. . . . .   164 f. 50 c.

La différence de protection n'est donc que de 37 fr. au lieu de 50 fr. reconnus indispensables.

Si l'on augmentait les droits des sucres français, comme on le propose, de 10 fr., il ne resterait plus que 27 fr. par 100 kilo, ou, si l'on veut, 2 p. $\%$ du capital, c'est-à-dire 23 fr. de moins sur 50 fr., somme nécessaire au producteur pour entretenir sa manufacture, faire honneur à ses engagemens, soutenir sa famille, nourrir et soigner ses cultivateurs, et l'on veut cependant que leur sort s'améliore!....

Serait-ce là conserver, encourager, protéger?.. Non; ce serait abuser de la possession.

On réduira probablement en France bien des impôts; mais, s'il manque au budget quelques millions, malheur aux colonies!.... Car alors, haro sur le sucre!....

Que peuvent, contre ce nouveau danger, quelques délégués auprès du ministre de la marine?.... Rien.

Les colonies périront-elles sans qu'une seule voix, à la chambre, ne s'élève pour les défendre?...

FIN.